Arnold Spescha

ZEITEN LEICHTFÜSSIGEN SCHRITTS
EI DAT ILS MUMENTS DA PASS LEV

Gedichte rätoromanisch und deutsch

Herausgegeben und mit einem Nachwort
von Mevina Puorger
Aus dem Rätoromanischen von Mevina Puorger
und Franz Cavigelli

Limmat Verlag, Zürich & Surselva Romontscha

Für finanzielle Unterstützung danken wir folgenden Stiftungen
und Institutionen:
Uniun svizra da las bancas Raiffeisen
Fundaziun Winterhalter
Promoziun da la cultura, Chantun Grischun
Quarta Lingua
Stiftung Ernst & Réta Lienhard-Hunger
Lia Rumantscha
Fondo Cadonau
Banca chantunala grischuna
Aurax SA
Pro Rätia

Die Übersetzung des vorliegenden Bandes wurde durch einen
Beitrag der Schweizer Kulturstiftung Pro Helvetia unterstützt.
prohelvetia

Im Internet
Informationen zu Autorinnen und Autoren
Hinweise auf Veranstaltungen
Schreiben Sie uns Ihre Meinung zu diesem Buch
Abonnieren Sie unsere Newsletter
www.limmatverlag.ch

Das *wandelbare Verlagsjahreslogo* des Limmat Verlags auf
Seite 1 zeigt Sirenen, Nixen, Meerfrauen und -männer.
Sie wurden gesammelt, freigestellt, gescannt und zur Verfügung
gestellt von Uz Hochstrasser und Kathrin Siegfried oder
stammen aus dem Verlagsarchiv.

Umschlagbild von Gieri Schmed: «La fueina», 2007
Typographie und Umschlaggestaltung von Trix Krebs

Gedruckt von der Druckerei Spescha e Grünenfelder, Ilanz/Glion
Gebunden von der Buchbinderei Burkhardt, Mönchaltorf

© 2007 by Limmat Verlag, Zürich
ISBN 978-3-85791-540-6

per Elisabeth

DA CAPO

DA CAPO

Melodias
mei han cumpignau
cun bratscha ferma
tras la tschaghera
sin alas levas
ils dis sereins

Tuns da mia veta
ein miu arcun
tgemblau
fan mei cuntents
fan grevs e levs
il cor

DA CAPO

Lieder waren
meine feste Hand
im Nebel-
grau
und Flügel
in der Helle

Und Klänge
sind mein
angehäufter
Schatz
erfüllen Herz
mit Hell und Dunkel

I

Ei dat accords ch'ins spetga ad in spitgar
Akkorde stets ersehnt

IN ACCORD

Sun ius naven
sco biars ein i
dil tschespet miu
dils mes, dils nos
che devan tegn

jeu audel aunc
ils zenns dil vitg
en lur accord
cun treis scalems
ed in sinzur

e quei accord
ha priu possess
da miu intern
ed ei sc'in mess
d'in mund etern

EIN AKKORD

Wie viele
verliess ich
mein Tal
meine Lieben
den Halt

im Ohr
noch den Klang
der Glocken
den Dreiklang
im Einklang

und tief
drinnen
wird mir der Klang
zum Boten
der anderen Welt

ACCORD

La sentupada
cugl accord
ei sco in di
da primavera

ins emprova
da tschaffar
gl'entir plitost
ch'il pign detagl

Ins sent'il niev
e frestg
e less star eri
in mument

AKKORD

Berührender
Gleichklang
ein Tag
im Frühling

umfassend
das Ganze
erfassend
die Teile

Ergreifen von
Neuem und Frischem
und Hoffen
im Harren

ACCORDS I

Cu pli che dus ensemen tunan
plirs tuns da gener different
denton ch'en relaziun resunan
creeschan els tensiun, ferment

cu plirs humans ensemen stattan
e cuminonza fan, uniun
scutinan, tschontschan ni tscharlatan
creeschan els accords, tensiun

AKKORDE I

Wenn mehr als zwei vereint ertönen
von Tönen ganz verschiedner Art
und in Beziehung dann erklingen
entsteht gespannt Zusammenklang

wenn Mensch mit Mensch beisammen ist
und sich vereint und spricht und plaudert
und zur geborgnen Einheit wird
entsteht gespannt Zusammenklang

ACCORDS II

Ei dat accords
ch'ins spetga
ad in spitgar
accords ch'ins auda
senza mai
saver tschaffar

la bram'ei gronda
da sesligiar
dil sul sulet
e seunir cun els
per maina pli
sedistaccar

AKKORDE II

Akkorde
stets
ersehnt
Akkorde
stets erahnt
und nie erreicht

und Sehnen
nach Lösung
vom einsam Einen
nach Bindung
von Dauer
mit ihnen

ACCORDS MODERNS

Sco troclas
secumponan
ils accords
moderns

e mintgaton
in'iua
croda

gl'ei buca ton la fuorma
che ligi'e dat la direcziun
mobein plitost sefuorma
sesligia tut en impressiun

quei ei nies temps ch'ha
piars il desideri per la fuorma
e gauda la tensiun ed impressiun
ed atmosfera dil mument

Moderne
Akkorde
Dolden
von Trauben

bisweilen
fällt
eine

nicht die Form
bindet sie fest
vielmehr im Sinn
wird alles gelöst

neue Zeit mit neuer Sitte
genügsamer Form und
unbekümmerter Kraft
im reinen Jetzt

II

E la canzun sespiarda, sesfundra e miera
Und das Lied verliert sich, versinkt und erstirbt

RONDO

In piano ch'ei senza fladada
e stenscha duront la naschientscha
e la canzun sespiarda
sesfundra
e miera

tuns ch'ein senza maguol
muments senza tegn e mesira
e la canzun sespiarda
sesfundra
e miera

gl'imposant ch'ei fleivels e stetgs
in grandioso ch'ei buca sublims
e la canzun sespiarda
sesfundra
e miera

RONDO

Ein hauchloses Piano
erstickt auf dem Weg seines Werdens
und das Lied verliert
sich, versinkt
und erstirbt

kraftlose Töne
Zeit ohne Halt, ohne Mass
und das Lied verliert
sich, versinkt
und erstirbt

Erhabenes, tonlos und schwach
ein Grandioso, glanzlos und dumpf
und das Lied verliert
sich, versinkt
und erstirbt

CHORAL

Dai a mi la forza dad urar
sco dil temps da mi'affonza
dai a mi il stausch dad implorar
quei che has en abundonza

Forza dai, speronza e la glisch
che sclareschi mia via
e diregia mei tral stgir e grisch
viers la patria ch'ei la Tia

CHORAL

Gib mir die Kraft zu beten
wie ich als Kind es vermochte
und lass mich flehen
nach Deinem Überfluss

Gib Kraft und Hoffnung
leuchte den Weg mir
durch Finsternis und Dunkel
bis hin zu Deinem Reich

ORATIO CANTABILE

Jeu arvel
las orvas
dil spért
las portas
dil cor

e laschel
entrar
la rihezia
dil tschiel

per mei
e per quels
che carezan
mei ed ils mes

mo era
per quels
ch'ein scuidus
e maligns

Jeu arvel
il cor
pil bien
per la grazia
da Diu

ORATIO CANTABILE

Luken
des Geistes
Tore
des Herzens
öffnen sich weit

gewähren
Einlass
dem himmlischen
Reichtum

für mich
und für alle
uns
Liebenden

und auch
für die
Neider
die Boshaften

Mein Herz
öffnet
sich weit
für die Gnade
des Herrn

CANTO DOLCE

Flauta
eis migeivla
mitigheschas
ils registers vigurus

la canzun ei sc'ina tschitta
che saltrogna
sur il prau cun sias flurs

il ruaus ei sco in'unda
che termaglia
cun la crappa, cul sablun
sco in radi
dil sulegl che glischa cauld
e lev carsina
mia fatscha e miu cor

CANTO DOLCE

Flauto
machst samten
und weich die
harten Register

machst zum Falter
das Lied gaukelnd
über blühende Wiesen

bringst Stille
und Welle ins Spiel
von Sand und von Stein
bist wärmender
Strahl, der
mir kost
mein Herz und mein Sein

SERENADA (EL STIL VEGL)

La sera sesbassa
suls cuolms e las pradas
il stgir semischeida
cul clar dalla glina

Ils tuns dallas harpas
e liras sesaulzan
ad ault viers la glisch dil
casti ell'umbriva

Er jeu cu la sera
sereina vegneva
al pei dalla casa
jeu stevel cun brama

miravel ad ault viers
la glisch da cazzola
che deva glischur e
glischava migeivel

e suns digl intern jeu
cantavel per ella
cul cor che buglieva
e mava surora

SERENADE (IM ALTEN STIL)

Der Abend nun neigt sich
zu Gipfeln und Weiden
die Nacht sich vereinet
dem Lichte des Monds

Die Klänge der Harfen
und Lyren verschmelzen
sie steigen zum Lichte
des Schlosses im Dunkel

Auch ich
stand am Tore
zu Füssen des Hauses
in sternklarer Nacht

und schaut in die Höhe
zum Glimmer der Lampe
sie schimmert so samt
in versöhnendem Schein

und sang meine Minne
so innig für sie
mit pochendem Herzen
in sehrender Glut

HIMNI

El ha entretschau
tessiu e filau
in sempel motiv
pregnant, expressiv

ch'exprima vigur
ardur e glischur
la notg ed il di
il mal ed il bi

Dat ei in'ovra filada
spessa, cumpacta, serrada
sco la Tschunavla, la sia
grond'e famus'sinfonia?

El hagi detg che quei munti
che il destin agl esch splunti –
culps dil destin ni structura?
ina perfetga sculptura

Quei art sc'in carstgaun
mi dau ha il maun
e mei cumpignau
tras tut miu vargau

aunc oz ei'l fanal
sin tut miu vial
e dat suttapei
selegra cun mei

HYMNE

Gesponnen
gewoben, geflochten
ein karges
ein klares Motiv

zu Kraft
zu innigem Glanz
zu Nacht und zu Tag
zu Schlechtem und Gutem

Gibt es ein Abbild
der dichten, der grossen
der einen, geschlossnen
berühmten, der Fünften?

Das Schicksal
poche ans Tor –
Schicksal, vollendete Form?
der Puls des Vollkommenen

Dies Kunstwerk
war mir
Begleiter
durch all meine Zeit

und ist mir Fanal
Freud und Erbauung
und gibt mir den Halt
bis in mein Heute

FINALE

Jeu sesentel
levs
sco ina plema

Il buordi ei
giud dies
la responsabladad
surdada

Jeu sgolel
sur ils cuolms
purtaus
dad alas
zugliaus
el miedi
dil destin

FINALE

Feder-
leicht
fühl ich mich nun

Von der Last
befreit
die Schlüssel
anvertraut

Im weiten
Flug
trag ich
geborgen
mein Schicksal
über Berg
und Tal

III

Igl andante dat il pass ruasseivel
Ausgewogne Ruhe

LENTO

Jeu sfegliel las scartiras
siu temps ei uss vargaus
las monas ein madiras
sc'in mied uss terminaus

cun stenta jeu sesprovel
da cavigliar mo plaun
perquei che jeu emprovel
d'anflar il ver carstgaun

LENTO

In längst Vergangnem
blättre ich
als sein es ausgereifte
Garben

und Ordnen will
so schwer von Hand
auf dieser Suche
nach dem wahren Menschen

ADAGIO I

Biars cumponists brigliants
han scret allegros
sco cascadas
mo buca tuts ein stai
er meisters digl adagio

Da pareta eis el sempels
la vigur schai egl intern

ADAGIO I

So mancher
brilliert mit
Allegrokaskaden
doch das Adagio
meistert nicht jeder

In schlichtem Gewand
birgt sich die Kraft

ADAGIO II

Eis ei buc aschia
ch'il ruaus ei plein tensiun
e perquei per biars
buc supportabels?

Cons ch'enqueran igl allegro
plascher, la forz', il moviment
gest perquei ch'in ver adagio
ein els strusch habels da guder

ADAGIO II

Liegt nicht im Stillen
Spannung verborgen
die auszuhalten
mancher sich schwer tut?

In den Allegros suchen sie
Heitres, Kraft und Bewegung
doch dem Adagio
verschliesst sich ihr Herz

ADAGIO III

Sussentar siu ver cuntegn
ei grev pigl interpret
el sto anflar gl'access
e lu crear da frestg
la palentada

ADAGIO III

Das Wesen
wahr zu erkennen
ist des Deuters Kreuz
bis hin zu
neuer Offenbarung

ADAGIO IV

Uss stend'igl artg
trai flad profund
e tegn smaccau
tiu pelletsch grond

las notas tegn
cun lur valur
sent'il ruaus
dil mied temprau

aschia sas
er tener petg
als suffels nauschs
dil mintgadi

ADAGIO IV

Spanne den Bogen
halte den Atem
tief in
dir drin

halte die Note
nach ihrem Wert
erspüre die Ruh
gemässigten Schritts

so hältst du auch
Stand
den Böen
des Tages

ANDANTE CON MOTO

Igl andante dat
il pass ruasseivel
ed ei sco fatgs
pil temps madir,
pil cuors temprau
cu tut ei bein lugau

Ni drov'ei forsa
mintgaton
in moviment
che dat in stausch
al prighel nausch
da far ruin'
avon il temps?

ANDANTE CON MOTO

Ausgewogne Ruhe
im Andante macht
den Schritt zum Schritt
für Reife
und Mass in der Zeit
erfüllender Ordnung

Oder bleibst
in Erwartung
von Regung
an rauer
Gefahr
von vorzeitigem
Schwinden?

ACCELERANDO

Las plontas
grevas
dalla neiv
van sperasvi
e sfundran
el lontan

Mes egls pitgivs
sefuretgan
ella dascha
bletscha

Il sforz
ei vans
il carr serocla
senza frein

ACCELERANDO

Bäume
unter Schnee-
last, sie
gleiten vorbei und
versinken
im Nichts

Mein Blick
bohrt erstarrt
im Nass
ihrer Zweige

Vergebene
Müh im
haltlosen Holpern
des Karrens

QUASI RUBATO

Freids eis ti
sco glatsch
e senza
cumpassiun

priu has ti
da mei
curasch'e
dignitad

emblidau
has ti
miu cor e
miu sustegn

daus a ti
gliez di
che levas
prest sesfar

mets eis ti
e freids
e dirs sco
crap

QUASI RUBATO

Kalt bist du
eisig
unbarm-
herzig

genommen
sind mir
Mut und
Würde

vergessen
hast du
Herz und
Arm

die ich dir bot
an jenem Tag
an dem du warst
verzweifelt

stumm bist du
und kalt
und hart
wie Stein

IV

In tun ch'ei levs e pli che levs
Im Innern leise zu hören, ganz leise

PIANO PIANISSIMO

Il mument
avon la
producziun
ha buca num e
distincziun
vegn buc
nudaus e
presentaus
ha mo il tun
dalla tensiun
ch'ins auda
egl intern
in tun ch'ei levs
e pli che levs

in batterdegl
ch'ei drova
damai ch'el ei
il schierm
e tegn
per quei
che vegn,
la forza
necessaria

PIANO PIANISSIMO

Namenloser
Augenblick
vor
dem
Auftritt
unfassbar
unbeschrieben
angespannt
versteckt in
einzig einem
Ton
im Innern
leise zu hören
ganz leise

du namenlos
notwendige
Zeit
bist Keim
bist Halt
für
Kommendes,
notwendige
Kraft

CRESCENDO

Ina nota eis
clutger divin
ina nota
che sestenda
viers il tschiel
e deras'il tun
dils zenns

Jeu less crescher
si per tei
e seunir
cul crap e tun

CRESCENDO

Eine Note bist du
göttlicher Turm
eine Note
aufsteigend
gen Himmel
Glockenklang
versprühendes Zeichen

Lass mich wachsen
empor an dir
und eins werden
mit Stein und mit Klang

FORTE PIANO

Gliez di
a mi
has detg
gl'ei aversiun
che zeivra
mei da tei
gl'ei in rempar

jeu hai udiu
tes plaids
ed hai cuschiu
ed hai sentiu
il mal

FORTE PIANO

Weisst du
den Tag
noch
von deinem
wortgewordenen Nein
dem Wall
hin zu mir

und hab dein
Wort gehört
und schweige
still
und leide

SFORZANDO

Buca seigies ambizius
e sforza tia vusch
tiu tun ei prigulus
survescha strusch
alla canzun
la qual'ei in respir
che po vertir nuotzun
ch'ei dominont e dir

SFORZANDO

Stell zurück
deine Eitelkeit
zügle die Stimme
den schrillen Ton
hauchzart das Lied –
erstickt
in Härte und
Macht

DIMINUENDO

Tgei gida
il propiest
la voluntad
sche tiu maguol
ha buca possa
sche tia ossa
ha buca tegn?

Tgei gida
l'oraziun
l'imploraziun
il cor aviert
sche tut ei grisch
e tut ei niu
sco el desiert?

Sche tia forza
tschess'ad in tschessar
e ti da respirar
has stenta e pitgira
perquei ch'il flad
vegn pli satels
e siu davos suspir
vul dar?

DIMINUENDO

Wozu
der Vorsatz
der Wille
wenn Kraft
und Halt
dem Ganzen
fehlt?

Wozu
Gebete und
Flehen
mit offenem Herz
wenn alles
nackt und grau
wie Wüstensand?

Wenn
deine Kraft
stets minder wird
dein Atem
kürzer
und nun
ganz
versiegt?

MORENDO

Igl ei buc lev
da contonscher
il morendo
Igl ei buc lev
da prender cumiau
e da dir
adia

MORENDO

Schwer zu
erlangen
das Morendo
Schwer
der Abschied und
das Lebe-
wohl

V

Ligia bein ils tuns e suns
Verschmelze Sang und Klang

LEGATO

Ligia bein
ils tuns e suns
e fai in artg

mintga scret
lai dar in sguard
el temps vargau

mintga fegl
ei in fastitg
da quei ch'ei stau

mintga brev
ei in resun
d'in cor zuppau

LEGATO

Verschmelze
Sang und Klang
zum Bogen

jede Schrift
gibt Einlass
zu Verblichenem

Seite um Seite
Zeichen
von Gewesenem

Wort und Wort
ein Widerhall
vom verborgenen Herz

PORTATO

Tegn bein ils tuns
e trai la lingia –
pass per pass
e dai vigur

in pign accent
e senn
a mintga sun –
quei ei buc lev

In di ni l'auter
ei per tuts
magari
grischs e trests

e fa ch'igl ei
stentus
dad el purtar
dad acceptar

ch'ins seigi er
mo in carstgaun
da carn e saung –
quei ei buc lev

PORTATO

Halte gut den Ton
die Linie zieh –
Schritt für Schritt
und Kraft verleih

ein leichtes
Zeichen
sinnerfüllt –
zu setzen schwer

Nicht
immer nur
in Flug und
Gunst der Stunde

ja auch
gebückt
von Last
und Schwere

auch du bist nur
aus Fleisch
und Blut –
zu tragen schwer

TENUTO

Tegn la lingia
fai canzuns
fai cadeina
ligi'ils tuns

tegn la senda
fai la punt
cun fidonza
va a munt

pren en mira
tegn stendiu
crei adina
en tiu Diu

TENUTO

Halte die Linie
füg Glied um Glied
zur Kette
zum Lied

folge dem Weg
im Vertrauen
über den Steg
in die Höh

und halte
immerfort
im Auge
Gott deinen Hort

MARTELLATO

Buca dai schi ferm
il tun ei ruhs
las fridas diras
sco quellas d'in marti
sco crappa ein tes plaids
freids e diraglia
tiu tun ei nauschs
Buca dai schi ferm

MARTELLATO

Schlag nicht so fest
rau ist der Ton
mit Hieben
hammerhart
deine Worte
sie sind Steine
in bitter kalter Schmach
Schlag nicht so fest

VI

Ti astgas suflar el burniu
Darfst Glut erhellen

INTERPRETAZIUN I

Ti stos tschaffar
il motiv
che nescha e
crescha e
daventa in artg

INTERPRETATION I

Entstehen
und Wachsen
zum Bogen hin:
Werdendes
sollst du erfassen

INTERPRETAZIUN II

Tscherca
la lingia
ch'ei dada
e mein'
al final
il rest
ei decor
e sto star
a mistregn

INTERPRETATION II

Suche
den Weg
der zum
Ziel
führt
der Rest ist
im Zaum
zu haltende
Zierde

INTERPRETAZIUN III

Bia ei danvonz
ni sil pli
in sustegn
per la peisa
dil ver e verdeivel

INTERPRETATION III

Viel ist zu viel
oder bloss
Stütze
für das Gewicht
des Wahren, Wahrhaftigen

INTERPRETAZIUN IV

Jeu vesel ed audel
el, il motiv
che stuess resortir

jeu sentel il flad
che stuess animar

mo teis ei meinsvart il vial
e grevs il vegnir e flurir

INTERPRETATION IV

Im Ohr und im Aug
das Motiv
in seinem Entstehen

auf meiner Haut
der entfachende Hauch

vor einem starren
und steilen Zugang

INTERPRETAZIUN V

Ti stos sussentar
gl'essenzial
ed esser in pass
anavon
er stos ti sentir
gl'ideal
el tgau ed el cor
ordavon

Il patratg
ei il sem
da tiu fatg

INTERPRETATION V

Wecke
das Wesen
sei stets
voraus
im Wissen
um Vollkommenes
trag es im Herz
und im Sinn

Der Gedanke
ist Same
des Werks

INTERPRETAZIUN VI

Senz'il patratg
dil gest e harmonic
resta il tun
sterils e rigids
e l'ovra ei morta
buca naschida

senz'il patratg
da pasch e ventira
resta tiu mund
crudeivels e stgirs
la veta ch'ei tresta
buca vivida

Ohne den Sinn
für das Wahre und Runde
bleibt der Klang
Starre und Kälte
und das Werk tot
ein ungebornes

ohne den Sinn
für Glück und Frieden
bleibt deine Welt
Schrecken und Dunkel
und solch ein Leben
ein ungelebtes

Selegra

ti astgas suflar el burniu
e far inflammar il scaffiu
ti astgas dar veta
all'ovra dil meister

ti astgas dar in vestgiu
al flad che ti has dil bien Diu
ti astgas dar fuorma
er ti eis scaffider

Selegra

INTERPRETATION VII

Freu dich

darfst Glut erhellen
Erschaffenes entfachen
darfst Leben einhauchen
in des Meisters Werk

darfst atmen
den Hauch Gottes
darfst auch formen
bist Erschaffer

Freu dich

INTERPRETAZIUN VIII

Sestenta
buc ceda
enquera
la nova

ils segns che
carmalan
nuvialas
zuppadas

els tuns la
rugada
tschelad'el
misteri

Ed arva
encardens
las fauldas
dall'olma

e dai in
vestgiu al
suspir da
la brama

sestenta
buc ceda
enquera
il senn

INTERPRETATION VIII

Such
gib nicht auf
in der Suche
nach Boten

lockende
Zeichen
versteckter
Kunde

im Ton
verborgener
Tau
des Geheimen

So öffne
Winkel
und Falten
der Seele

und bekleide
den sanften
Seufzer
der Sehnsucht

such
gib nicht auf
in der Suche
des Sinns

INTERPRETAZIUN IX

Ti stos
udir
il motiv
il plaid
ni patratg
ti stos
sentir
siu
incont

fiera
il crap
ella buola
e lai far
ils rudials
che
neschan
e
creschan
e
van vi
egl
entir

Im Ohr
muss dir
sein
Motiv
Wort
und Gedanke
im Sinn
sein
Zauber

den Stein
wirf
in die
Tiefen
des Wassers –
und
Kreis
um
Kreis
fügt
sich
zum
Ganzen

VII

Co vul dar fiug, sche tez ti ardas buc?
Du willst entzünden und brennst nicht selbst?

LEGGERO

Ei dat ils
muments
da pass lev
dil fagot
senza peisa

muments
digl anim
e slontsch
che portan
il cor
sur cavorgias
cafuglias
e vals

viers igl ault
e serein
viers la glisch
dallas steilas

LEGGERO

Zeiten
leichtfüssigen
Schritts
und das Bündel
wie Daunen

Zeiten des Muts
und leichter
Seele
sie tragen
das Herz
über Klüfte
und Tiefen
und Täler

ins Weite
ins Klare
ins Helle
der Sterne

CON LEGGEREZZA

Quei pign dessegn
ei sco in flad
el step
dil mintgadi

in paus
ch'ei pleins
da harmonia
e ruaus

in sgol
che porta tei
egl ault
viers il sulegl

CON LEGGEREZZA

ein Atem-
hauch
im dumpfen Tag
dies kleine Bild

ein Inne-
halten
in sachter
Ruh

ein Flug
hinauf
ins Sonnen-
reich

OTTAVA ALTA

Oh beinenqual motiv
fuss smorts e senza glisch
sch'el fuss buc rinforzaus
per in'octav'alzaus

e bia vess buca senn
e fuss per pauc, per nuot
sch'ei fuss buc prolungiu
ed er egl ault udiu

OTTAVA ALTA

Wohl manch Motiv
wär' welk und ohne Glanz
wenn nicht verstärkt
um die erweiterte Oktav

wohl vieles wäre ohne Sinn
und wär' für wenig nur, und nichts
wenn nicht verlängert auch
und in der Höh erhört

SOSPIROSO

Igl ei
sco sch'il tschiel
sezuppass
davos las panuglias
da neblas
pleinas e grevas
che cuarclan
il sulegl
e las steilas
e stinschentan
ils radis da speronza
ed ils suspirs
da dolur

SOSPIROSO

Als versteckte sich
der Himmel
hinter
Nebel-
schwaden, den
randvollen, schweren,
die Sonne
und Sterne
verhüllen und
Strahlen der Hoffnung
und seufzende
Leiden
ersticken

TIMOROSO

La tema
ei
ina siarp
che reiva
dallas combas si
e sestartuglia
entuorn il venter
e siara il cor

TIMOROSO

Die Angst
ist
eine Schlange –
schlängelt die
Beine hoch
gürtet
den Bauch
versiegelt das Herz

RIGOROSO

Ei drova
la forza
cavester
stadal
per crear
il vial
ei drova
sulegl
e la plievgia
da matg

RIGOROSO

Kraft
braucht's
Zaum und
Deichsel
um den Weg
zu ebnen
Sonne
braucht's
und sanften
Maienregen

OSCURO

La notg nescha
plein fom
enguorda
d'utschacs
e stgiraglia

mo dierma –
ils nibels
els vargan
damaun
il sulegl

OSCURO

Die Nacht
bricht herein
gierig nach
Spuk und
nach Schwärze

doch schlaf –
die Schwaden
sie weichen
morgen
der Sonne

SENZA FUOCO

Tgei vul ti far
cun teoria
e savida
cun tia tecnica
tiu inschign?

Co vul dar fiug
sche tez ti ardas buc?

SENZA FUOCO

Wozu all
dein Wissen
und Können
all dein Geist
dein Geschick?

Du willst entzünden
und brennst nicht selbst?

DESIDEROSO

Jeu less anflar
il plaid
che exprimess
il sentiment
da quei mument

Jeu less anflar
ils tuns
che fussen stgis
da consalvar
gl'eveniment

DESIDEROSO

Will
finden
das Wort
zu fassen
den Augenblick

Will
finden
die Weise
die mir Erlebtes
bewahrt

INTIMO

Mintga cantun
flada migeivel
e mintga mugrin
respira ruasseivel

e senza dir plaid
raquentan ei bia
digl intim e zuppau
dil sublim e vargau

INTIMO

Im Winkel
wohliger Hauch
und sanftes Atmen
im Giebel

wortlos beredt
ist die Kunde
von Verborgenem
von Vergangenem

AMOROSO

Quei tun
che crescha
daventa maletg
raguda el funs da miu cor
e dosta la tschendra dil temps
e muossa ch'il fiug
ei buca
aunc stezs

AMOROSO

Der schwellende
Klang
wird Bild
zerwühlt mir das Herz
verweht die Asche der Zeit
facht an
die Glut
die noch lodert

AFFETTUOSO

Els tunan bein
en miu intern
ils zenns dil
pign clutger

Igl ei in mied
in tun etern
che meina mei
el vitg patern

AFFETTUOSO

Wohlklang
in mir
die Glocken
des Kirchturms

Ewiger
Klang
Weg nach
Haus

LUSINGANDO

Ei dat miedis
che giavinan
carsinan
incontan
sco la stria
sil grep
sper il Rein

er carstgauns
che tschontschan
migeivel
flatteschan
e dattan la cua –
ils leischens
e glisners
che sbluccan
e tundan
cu ei han
il vuliu

LUSINGANDO

Weisen
die locken
kosen
verzaubern
wie Lorelei
auf dem
Felsen am Rhein

auch
Menschen
die kosen
und herzen
und turteln –
Schmeichler
und Heuchler
Hechelnde
Hunde
die Beute
erhascht

ASSIEME

Ti dux
eis
muossavia
e
fanal
eis al
tgamun
e das la
direcziun

mo senz'il
comes
tiu
cumpogn
eis pauc
ni nuot

en dus pér
essas ferms
e deis
structur'e
daventeis
messadi

ASSIEME

Dux
du bist
Wegweiser
und
Fanal
weist
Beginnen
und
Bewegen

doch ohne
Comes
den Begleiter
bist du wenig
bist du
nichts

im Paar erst
seid ihr stark
gebt
Form
und werdet
Kunde

CON FUOCO

Il fiug
cun sia
forza
sia glisch

che lai
burnid'
e cotgl'e
tschendra
anavos

la fueina

Il fiug
da tiu in-
tern per
bein crear

e schar
fastitgs
da tei e
da tiu
plaid e fatg

fiug e flomma

CON FUOCO

Von Kraft
und Licht
in den
Feuern

bleibt da
die Glut
die Kohle
und
Asche

von Feuerstellen

In dir
das Schmieden
mit
Feuer

zu deinem
Zeichen
deinem
Wort und
deinem Tun

von Feuer und Flamme

AL FINE

AL FINE

La spigia greva
carschida
en plievgia e sulegl
enfirmida
da vents migeivels
e suffels crius
sbassa il tgau
e ballontscha
el vent dalla sera

Er ti sbassas il tgau
e vas davongiu
cletg e ventira
e dis da tristezia
han cumpignau
tei sin via
e madirau
tiu intern
e ti surris
cun in surrir
serein

AL FINE

Garbenfülle
in Sonne und Regen
gereift
in Windesmilde
in Böen
erstarkt
neigt ihr Haupt
und wiegt es
im Winde des Abends

Auch du neigst
dein Haupt
vornübergebeugt
Füllhorn
Glück
und auch Dunkles
säumten den
Weg dir
zu Erfüllung
und heiterem
Lächeln

CARMINA VITAE:
ZU DEN GEDICHTEN VON ARNOLD SPESCHA

Lieder waren / meine feste Hand sagt der Dichter in seinem ersten Gedicht der vorliegenden Sammlung. Der Bilderwelt des musikalischen Klangs ist denn auch Erlebtes und Überdachtes anvertraut. Die Musik und ihre verbale Ausdrucksform können als Schutzpatronin von transponierter Realität über diese Poesie wachen. Es sind Gedichte, die in einem Gesamtkonzept eingebettet sind, welches auch strukturelles Zeichen ist und die durchgehende Symmetrie des Werks darstellt.

Äusserlich ist das ersichtlich an den Titeln der Gedichte; sie gehören alle der Musikterminologie an. Und so erfahren wir, beispielsweise in der Gedichtgruppe *Akkorde*, dass ein Akkord eben viele verschiedene Bedeutungsebenen hat, dass damit der Einklang des Menschen mit seinem Daheim gemeint sein kann oder der Einklang mit seinem Lebensziel bezeichnet wird, dass damit aber auch ganz konkret traditionelle oder moderne Musikklänge, zugängliche oder verschlossenere Akkorde in der Musik beschrieben werden. All diesen Akkorden liegt das Übereinstimmen der Cordae, der Saiten, zugrunde. Und die Saiten eines Saiteninstruments können aus Tierdarm, aus Pflanzenfasern, aus Draht oder aus Kunststoff sein. In Analogie dazu erzeugt je nach Bespannung der Verse der Klangkörper Gedicht verschiedene Töne der Poesie: in verkürzten Texten mit höherem Klang und erhöhter Spannung, in längeren Texten mit tieferem, mit weiterem und mehr erzählerischem Klang.

Arnold Spescha vertraut seinen Gedichten viele Seiten seines Lebens an: Autobiografisches, erkennbar in Versen wie *Wohlklang / in mir / (...) Ewiger / Klang / Weg nach / Haus,* neben Reflexionen des Denkers und Musikers wie *Dux / du bist / Wegweiser / und / Fanal.*

Der Autor wuchs in einem kleinen Ort in der bündnerischen Surselva, in Pigniu/Panix auf: *Wie viele / verliess ich / mein Tal ...*

Der Vater Spescha war Dorflehrer und unterrichtete während vieler Jahre die Gesamtschule von Pigniu. Eine Zeit lang fand dieser Unterricht in der Stube eines Privathauses statt. Dieses Haus ist heute zweites Domizil und Ferienhaus der Familie Arnold Spescha.

Während der Studienzeit an der Universität Zürich kehrte Arnold Spescha oft an diesen Ort zurück; von der Bahnstation im Tal, Rueun, stieg er häufig zu Fuss zu seinem Pigniu hinauf, zum *wohligen Hauch* und dem *sanften Atmen / im Giebel.* – In Zürich studierte er Romanistik und Musik – mit Auslandsemestern in Frankreich und Italien; eine linguistische Dissertation über den Wortschatz von Wind und Wetter der Gemeinde Pigniu beschloss sein Studium. Die Musik sollte den Romanisten und späteren Konrektor der Kantonsschule Chur fortan nebenamtlich begleiten; er war Dirigent von Blasmusikkorps, unter anderem der Churer Stadtmusik. Das genaue Einstudieren von Musik, das Überdenken der Interpretationsformen, die auswertenden Einträge in den Tagebüchern haben zur kondensierten Form der Lyrik Arnold Speschas geführt. Viel *Kraft brauch(t)e* es, viel Disziplin, *um den Weg / zu ebnen,* bei so viel Vorhaben und so viel Erlebtem, das es zu bündeln galt.

Arnold Spescha ist ein Autor mit grosser Willenskraft und ebensolcher Energie. Die Welt der Blasmusik, die den Romanisten und Mittelschullehrer begleitet hat, und die Erinnerung an die Berufszeit finden nun in dichterischer Form einen neuen Ausdruck und zusammenfassenden Rückblick: Neu erklingendes Amoroso der noch *lodernden Glut* wird Bild und zerwühlt das Herz, *verweht die Asche der Zeit.*

Diese Gedichte werden hauptsächlich mit dem Begreifen der Musiktermini der Gedichttitel verständlich. Ein Rondo in der Musik ist eine Reihungsform mit wiederkehrendem Refrain, eingeschobenen Zwischenspielen und häufig der virtuose und heitere Schlusssatz eines Konzerts. Das gedichtete Rondo von Arnold Spescha erinnert an sein musikalisches Vorbild mit dem Refrain der letzten drei Verse in den drei Strophen *(e la canzun sespiarda / sesfundra / e miera // und das Lied verliert / sich, versinkt / und erstirbt)*, hebt sich jedoch inhaltlich davon ab, mit dem Bild nicht des Heiteren und Virtuosen, sondern des erlöschenden Liedes. Und ebenso werden Gedichte wie *Choral* oder *Interpretation* VII auf dem Hintergrund der Musikwissenschaft neu gelesen, nämlich als poetische Umsetzung des Religiösen, Feierlichen und Erhabenen des liturgischen Gesangs. Dem Gedicht *Morendo* erschliesst sich im übertragenen Sinn der Lektüre eine weitere Verständnisebene, namentlich mit dem Wissen, dass ein musikalisches Morendo ein äusserstes Diminuendo (abnehmend) bei gleichzeitigem Ritardando (verzögernd) ist, und dass das musikalische Morendo das Bild des Gedichts prägt und damit die übertragene und nicht eigentliche oder erste Bedeutung von ‹morire› (sterben) für das Gedichtsverständnis wichtig ist.

Die Gedichte Arnold Speschas richten sich auch an den Leser, der sich mit einer neuen Art von Lektüre beschäftigen will und die Bedeutungsvielfalt von Desideroso (sehnlich) oder Affettuoso (zärtlich) poetisch ausloten möchte, im musikalischen Mitklingen und Mitwissen der Poesie. Und es ist ein Werk, das den Musikkenner und Liebhaber der Musik besonders anspricht.

Einige dieser Gedichte haben den Weg zurück zur Musik gefunden, sind vertont worden; dieser Kreis wurde von den rätoromanischen Komponisten Gion Antoni Derungs und Alvin Muoth geschlossen.

Ein Gedicht von Arnold Spescha, *Himni / Hymne,* ist eine explizite Hommage, eine poetische Liebeserklärung auf Beethovens Fünfte Symphonie.

Andere dieser Gedichte haben im Titel den musikalischen Bezug und bestimmen damit dessen Tonart. Ein Beispiel ist *Timoroso,* ein kurzes einstrophiges Gedicht, das in einem kompakten Bild von intensivster Eindringlichkeit die erstickende Bedrängung der Angst beschreibt:

TIMOROSO

La tema	Die Angst
ei	ist
ina siarp	eine Schlange –
che reiva	schlängelt die
dallas combas si	Beine hoch
e sestartuglia	gürtet
entuorn il venter	den Bauch
e siara il cor	versiegelt das Herz

Interessant ist dabei die Metaphorik für die Angst, die Schlange und ihr auf das Herz gerichtetes Umgürten des Körpers, die üblicherweise eher Sinnbild des Bösen, der Erbsünde ist; dem Phänomen Angst wird somit in unerwarteter Weise begegnet.

ACCELERANDO

Las plontas	Bäume
grevas	unter Schnee-
dalla neiv	last, sie
van sperasvi	gleiten vorbei und
e sfundran	versinken
el lontan	im Nichts
Mes egls pitgivs	Mein Blick
sefuretgan	bohrt erstarrt
ella dascha	im Nass
bletscha	ihrer Zweige
Il sforz	Vergebene
ei vans	Müh im
il carr serocla	haltlosen Holpern
senza frein	des Karrens

Accelerando ist ein weiteres Beispiel für die teilweise Loslösung der Dichotomie Musik versus Leben.

Mit dem Schnellerwerden eines Musikstücks, dem Accelerando, ist die Bewegung des holpernden Karrens vergleichbar. Auch hier verwendet Arnold Spescha inhaltlich das musikalische Bild, wo schneller werdende Musik oft mit grösserer Intensität oder Freude einhergeht, beinahe in gegenteiliger Weise: Sein Accelerando ist ein Wunsch nach einem Langsamerwerden. Der Blick des lyrischen Ichs *bohrt erstarrt* (...) und wird nicht schneller. Der Karren holpert haltlos weiter, trotz des Wunschs nach Innehalten. Und wiederum liegt ein Reiz des Gedichts in der wachsenden Spannung zwischen erster (musikalischer) Titelbedeutung und übertragenem Inhalt des Gedichts.

Arnold Spescha schreibt auch Prosa. Ich erwähne die amüsante Sammlung von Erzählungen, die für *Tandem* mit dem Schriftstellerfreund Silvio Camenisch entstanden ist. Es sind Erzählungen in Korrespondenzform zwischen den beiden Autoren, die sich gegenseitig neue Motive und Aufgaben für Geschichten mit den dazu gehörenden Erzählungen schickten und so zu zweit ein Buch schrieben.

Es gibt auch unveröffentlichte Prosa Speschas, wie beispielsweise die fünf kurzen Erzählungen *Uvertura, Serenada, Intermezzo, Scherzo* und *Finale,* die unter dem Gesamttitel *Suita* zusammengefasst sind und Impressionen des Lebens im Vergleich zu den fünf Sätzen einer musikalischen Suite darstellen. Aus den Prosastückchen von 1966 entstanden später fünf Gedichte; eines davon ist die *Serenade (im alten Stil)* des nun vorliegenden Buches, die wie eine liebevolle Weise auf die gute alte Zeit und auch jene märchenhafte der Ritter und Prinzessinnen erklingt.

In diesem Band wird eine Übersicht über den Hauptteil von Arnold Speschas lyrischem Werk gegeben; entstanden ist es in den vergangenen Jahrzehnten, genaue Datierungen der Gedichte fehlen. Formal arbeitet der Dichter hauptsächlich mit innerem

Reim, Alliteration, Assonanz, Anapher und mit dem tragenden Leitmotiv der Musik und ihrer Metaphorik des erlebten Lebens: Eben mit den *Zeiten des Muts / und leichter / Seele, /* welche *ins Weite / ins Klare / ins Helle / der Sterne* hinführen.

Mevina Puorger, Zürich, im Frühjahr 2007

ÜNA CONVERSAZIUN DA MEVINA PUORGER
CUN ARNOLD SPESCHA

In Tias poesias daja ün grond leitmotiv – la musica. Dvainta la musica metafra per Tia vita chi'd es plajada uschea in ün vel ermetic?
La musica meina e cumpogna mei tras la veta. Las poesias ein tuns e patratgs exprimi cun plaids e maletgs dalla musica, exponi en tutta clarezia ni zugliai en in vel.

Schi's legia Tias poesias e nu's cugnuoscha a Tai sco persuna, as pudessa pensar cha'l poet füss ün musicist. Ma in Tias poesias as chatta pacs stizis evidaints da Tia derivanza, la Surselva, e da Tia professiun, il romanist; i sun zoppats ils stizis chi muossan a Tia famiglia, Tia duonna, voss trais uffants, l'abiadia: üna fuorma programmatica?
Jeu sun carschius si en ina famiglia, en la quala la musica giugava ina rolla impurtonta: la musica ecclesiastica e la musica profana. Miu bab era scolast, dirigent ed organist. Quei ha schendrau en mei plascher e pissiun per la musica. Jeu hai studegiau romanistica e dasperas musica. Sper mia clamada da scolast gimnasial sun jeu sefatschentaus en miu temps liber permanentamein cun la musica. Jeu hai cantau, sunau, dirigiu e scret sur da musica. Quella occupaziun ha era influenzau mia lavur litterara, cunzun sil camp dalla lirica.
En las poesias da quei cudisch sundel jeu partius il pli savens dalla musica per arrivar tiel carstgaun. Cun gl'agid dil plaid less jeu far ina punt denter la musica e la veta dil carstgaun. Ins anfla bein era fastitgs da mia derivonza e dils mes, naven dils zenns dil vitg patern tochen al dessegn dalla biadia. Mo Ti has raschun, els ein rars ni zuppentai. Perencunter sesanflan quels savens en mes diaris.

Tü m'hast dit cha Tias poesias sajan üna part da Teis diaris. Naschan Tias poesias in scrivond diari?

Ina gronda part. El diari scrivel jeu quei che succeda en la veta da mintga di, en emprema lingia pertuccont mia veta e quella dils mes. Mo era auters fatgs e sentiments che occupeschan mei. Remarcas e patratgs davart carstgauns ed eveniments che jeu nodel en mes diaris dattan savens ils impuls per las poesias. Biaras han in pugn da partenza precis. Cu ellas ein naschidas denton, sefan ellas libras e van lur atgnas vias. Ellas creschan e sesviluppeschan e semidan. Enqualina *sespiarda e miera*. Entginas poesias ein plitost reflexiuns che jeu hai nudau el diari ni sin cedels.

L'interpretaziun ha adina fascinau mei: l'interpretaziun da texts litterars en mia clamada e l'interpretaziun sil camp dalla musica. Gest en mia lavur da dirigent sun jeu sefatschentaus intensivamein cun l'interpretaziun dall'ovra musicala. Tgei munta interpretar? Co san ins inflammar danovamein l'ovra d'in meister, dar veta al text d'in cumponist? Las reflexiuns ni poesias cul tetel *Interpretaziun* sesanflan per gronda part els diaris. Ellas fuorman in tema cun variaziuns.

Las poesias da quei cudisch ein naschidas egl interval da biebein 30 onns. Quei declara era la varietad pertuccont la fuorma.

Las poesias da quist cudesch fuorman ün'unità structurada. Cur cha no vain preparà l'ediziun, vaina ponderà schi nu füss nüzzaivel da metter notas in ün appendix per declerar tschertas expressiuns chi fan part da la scienza da musica. Nu füssa da declerar ad üna lectura o ad ün lectur che chi significha accelerando, ottava alta, lusingando *opür dux e comes illa terminologia da la musica?*

Jeu creiel buca che quei seigi necessari. La gronda part dils tiarms tecnics s'explicheschan cul text, el qual els sesanflan. Jeu emprovel da transmetter noziuns dalla musica sil camp dil lungatg e da duvrar quellas en moda e maniera allegorica.

Accelerando, per exempel, munta ella musica ‹vegnir pli spert› e daventa ella poesia in'allegoria per la veta che va era adina pli e pli dabot.

Cun rinforzar in tun ni in motiv cun l'ottava alta, cun in'octava pli ault che quei ch'igl ei nudau, dattan ins alla musica pli bia forza e glischur. Ed ella veta?

Sospiroso ei in tierm dall'execuziun dalla musica che munta ‹suspiront, lamentont›. Ins anfla quel oravontut en la musica vocala, il pli savens en las operas. Il cumponist sesprova d'accentuar, da rinforzar il cuntegn dil text musical. *Sospiroso* ei ina poesia el tun dall'elegia, dil cant plonschent, en mol per aschidadir. Il tetel determinescha cheu la tonalitad dils sentiments. Quei vala per entginas da mias poesias. La poesia *Lusingando* exprima la muntada da quei plaid. Partend da melodias che giavinan e carsinan, arriva ella als ludems e flattems dils carstgauns.

Dux e comes ein elements dalla fuga: Dux ei il menader, igl emprem tema, comes siu cumpogn, la risposta agl emprem tema.

Biars tetels, sco per semeglia *Choral, Lento, Piano pianissimo, Con leggerezza,* ein clars e capeivels.

Tenor che criteris hast ordinà Tias poesias?

Tenor noziuns da tetg dalla musica. Enstagl da duvrar tiarms tecnics dalla musica elegel jeu denton in citat ord ina poesia dalla part corrispundenta: ACCORDS: *Ei dat accords ch'ins spetga ad in spitgar;* GENERS: *E la canzun sespiarda, sesfundra e miera;* TEMPOS: *Igl andante dat il pass ruasseivel;* DINAMICA: *In tun ch'ei levs e pli che levs;* ARTICULAZIUN: *Ligia bein ils tuns e suns;* INTERPRETAZIUN: *Ti astgas suflar el burniu;* EXECUZIUN: *Co vul dar fiug, sche tez ti ardas buc?*

La rimnada vegn enramada dallas duas poesias *Da capo* (aunc ina gada dall'entschatta) e *Al fine* (tochen la fin).

No vain, s'inclegia, eir ponderà bler sur dal tradüer e discuss las dumondas da la traducziun litterara da Tias poesias. Tü hast, sco autur rumantsch, la cumpetenza linguistica rumantscha ed eir tudais-cha. I dà auturas ed autuors rumantschs chi scrivan hozindi rumantsch e tudais-ch. Co fast tü quai?

Texts litterars (poesia e prosa) scrivel jeu mo per romontsch. Il lungatg mumma ni igl emprem lungatg ei il lungatg, el qual ins ha per ordinari a disposiziun ils pli biars registers. Il romontsch ei per mei era il lungatg dil cor, dall'emoziun – per mei il lungatg il pli adattau per exprimer patratgs e sentiments en poesias.

Mincha traducziun es ün'interpretaziun. Güsta illa poesia es zoppà ün misteri chi nu's lascha transpuoner facilmaing in ün'otra lingua. Il tudais-ch es, sco cha no savain, üna lingua cun tuot otras premissas ed oters mezs d'expressiun co'l rumantsch. Co resaintast Tü – na be sco poet, ma eir sco linguist – Tias poesias in ün'otra lingua? Es quai ün'imnatscha per ün'essenza chi pudess ir a perder o üna sfida per alch nouv?

Mintga translaziun ei in'interpretaziun ed ina resca, ina sfida ed ina schanza. Jeu less buca translatar mez mias poesias, perquei che jeu vess per mias poesias buca la distanza ch'ei drova per translatar, per (trans)metter la structura d'in lungatg en quella d'in auter. Jeu sesentess memia taccaus vid igl original. Ei fa mintgaton mal da stuer renunziar a certs elements ch'ein adattai el lungatg da partenza, mo che van a zuppegiond el lungatg en mira.

Igl ei buca pusseivel da translatar ni transponer mintga nianza da sun e patratg digl original. Ils plaids e las expressiuns han lur connotaziuns che determineschan e colureschan il senn fundamental. Ina buna translaziun ei denton buc in prighel pigl original, mobein sa enrihir quel. Gest il tudestg cun sias atgnadads da structura fetg differentas da quellas dils lungatgs romans possibilitescha versiuns cumpactas, serradas, nominalas, meinsvart pli plasticas che las originalas.

Igl autur stuess saver acceptar che la translaziun presenta siu original en in auter vestgiu, en in niev vestgiu. Jeu less denton buc ina translaziun da mes texts independenta digl original; era en l'auter vestgiu vi jeu saver entupar mia poesia. Igl ei pusseivel da translatar lirica, sche las novas fuormas poeticas ein caracteristicas pil lungatg en mira e sch'ellas han in'irradiaziun poetica che corrispunda a quella digl original.

In'ediziun bilingua cun la presentaziun sinoptica digl original e dalla translaziun ei in cass ideal. Ella muossa ils registers tipics dil lungatg da partenza e quels dil lungatg en mira. Sch'igl original e la translaziun van e stattan a pèr, accumulescha quei la forza expressiva e la rihezia dalla poesia.

Tia gronda amur musicala es la Tschinchavla sinfonia da Ludwig van Beethoven. In Tia poesia Himni *fast ün omagi a quella musica. Ha quell'amur ün'istorgia?*

Gie, perfin pliras historias. Historias en connex cun carstgauns, cun plaschers e quitaus. Quell'ovra ei era stada per mei in impurtont access alla musica classica. Cura che jeu hai udiu en mia giuventetgna per l'emprema gada la 5avla sinfonia da Beethoven, ei quei stau per mei ina scoperta, sco ina revelaziun. Ei interessescha era mei, co ils dirigents interpreteschan quella cumposiziun extraordinaria. Perquei rimnel jeu interpretaziuns da quell'ovra sin plattas fonograficas e discs cumpacts.

La «Sinfonia dil destin» fascinescha mei. D'ina vart setracta ei d'in'ovra ordvart cumpacta, d'in'ovra meisterila pertuccont igl art dalla cumposiziun; da l'autra eis ei ils sentiments che quell'ovra cun sia forza expressiva sveglia ed accumpogna.

Jeu teidlel quella musica cura che jeu sun trests e cura che jeu selegrel.

EIN GESPRÄCH ZWISCHEN DER HERAUSGEBERIN UND DEM AUTOR

In deinen Gedichten gibt es ein grosses Leitmotiv – die Musik. Wird die Musik zur Metapher für dein Leben, das so mit einem hermetischen Schleier verhüllt ist?

Die Musik leitet und begleitet mich durch das Leben. Die Gedichte sind Klänge und Gedanken, mit Worten und Bildern der Musik ausgedrückt, in völliger Klarheit offengelegt oder mit einem Schleier verhüllt.

Wenn man deine Gedichte liest und dich als Person nicht kennt, könnte man annehmen, dass der Dichter Musiker sei. In deinen Gedichten findet man aber wenige offenkundige Spuren deiner Herkunft, der Surselva, und deines Berufes, des Romanisten; versteckt sind die Spuren, die deine Familie zeigen, deine Frau, eure drei Kinder, die Enkelin: Ist dies programmatisch?

Ich bin in einer Familie aufgewachsen, in welcher die Musik eine wichtige Rolle spielte: die Kirchenmusik und die weltliche Musik. Mein Vater war Lehrer, Dirigent und Organist. Dies erweckte in mir Freude und Leidenschaft für die Musik. Ich studierte Romanistik und daneben Musik. Neben meinem Beruf als Gymnasiallehrer beschäftigte ich mich in der Freizeit ständig mit Musik. Ich habe gesungen, gespielt, dirigiert und über Musik geschrieben. Diese Tätigkeit hat auch meine literarische Arbeit beeinflusst, vor allem im Bereich der Lyrik.

In den Gedichten dieses Buches bin ich meistens von der Musik ausgegangen, um zum Menschen zu finden. Mit Hilfe des Wortes möchte ich zwischen der Musik und dem Leben des Menschen eine Brücke schlagen. Man findet wohl auch Spuren meiner Herkunft und meiner Angehörigen, von den Kirchenglocken des Heimatortes bis zur Zeichnung der Enkelin. Du hast jedoch Recht, sie sind selten oder verborgen. Sie befinden sich dagegen oft in meinen Tagebüchern.

Du hast mir gesagt, dass deine Gedichte ein Teil deiner Tagebü-
cher seien. Entstehen deine Gedichte, indem du Tagebuch schreibst?
Ein grosser Teil davon. Ins Tagebuch schreibe ich, was im täg-
lichen Leben geschieht, in erster Linie in Bezug auf mein Leben
und dasjenige meiner Angehörigen. Aber auch andere Vorkomm-
nisse und Gefühle, die mich beschäftigen.

Bemerkungen und Gedanken über Menschen und Ereignisse,
die ich im Tagebuch notiere, geben oft die Impulse für die Ge-
dichte. Viele haben einen genauen Ausgangspunkt. Während
ihrer Entstehung verselbständigen sie sich und gehen ihre eige-
nen Wege. Sie wachsen, entwickeln und ändern sich. Manch eines
verliert sich und erstirbt. Einige Gedichte sind eher Betrachtun-
gen, die ich im Tagebuch oder auf Zetteln notiert habe.

Die Interpretation hat mich schon immer fasziniert: die Inter-
pretation literarischer Texte in meinem Beruf und die Inter-
pretation auf dem Gebiet der Musik. Gerade bei meiner Arbeit
als Dirigent habe ich mich intensiv mit der Interpretation des
musikalischen Werkes beschäftigt. Was bedeutet interpretieren?
Wie kann man das Werk eines Meisters von neuem entfachen,
dem Text eines Komponisten Leben einhauchen? Die Gedanken
oder Gedichte mit dem Titel *Interpretation* befinden sich zum
grössten Teil in meinen Tagebüchern. Sie bilden ein Thema mit
Variationen.

Die Gedichte dieses Buches sind in einer Zeitspanne von über
dreissig Jahren entstanden. Dies erklärt auch die Vielfalt der
Form.

Die Gedichte dieses Buches bilden eine strukturierte Einheit. Als
wir die Herausgabe vorbereiteten, überlegten wir uns, ob es nicht
nützlich wäre, in einem Anhang Bemerkungen anzufügen, um ge-
wisse Fachausdrücke der Musikwissenschaft zu erklären. Müsste man
einer Leserin oder einem Leser nicht erklären, was in der Musikter-
minologie Accelerando, Ottava alta, Lusingando *oder* Dux *und*
Comes *bedeuten?*
Ich glaube nicht, dass dies notwendig ist. Die meisten Fach-

ausdrücke erklären sich durch den dazu gehörenden Text. Ich versuche Begriffe der Musikterminologie in den Bereich der Sprache zu setzen und sie sinnbildlich zu verwenden. Accelerando, beispielsweise, bedeutet in der Musik ‹schneller werdend› und wird im Gedicht zum Sinnbild für das Leben, das auch immer schneller voranschreitet.

Die Verstärkung eines Tones oder eines Motivs mit der Ottava alta, mit einer Oktave höher als notiert, verleiht der Musik mehr Kraft und Glanz. Und im Leben?

Sospiroso ist eine Vortragsbezeichnung, die ‹seufzend, klagend› bedeutet. Man findet sie vor allem in der Vokalmusik, am meisten in den Opern. Der Komponist versucht, den Inhalt des musikalischen Textes zu akzentuieren, zu verstärken. *Sospiroso* ist ein Gedicht im Ton der Elegie, des Klagelieds, in Moll sozusagen. Der Titel bestimmt hier die Tonart der Gefühle. Das gilt für etliche meiner Gedichte. Das Gedicht *Lusingando* drückt die Bedeutung dieses Wortes aus. Ausgehend von Melodien, die locken und liebkosen, gelangt es zur Lobhudelei und Schmeichelei der Menschen.

Dux und Comes sind Elemente der Fuge: Dux ist der Führer, das erste Thema, Comes sein Gefährte, die Beantwortung des ersten Themas.

Viele Titel, wie beispielsweise *Choral, Lento, Piano pianissimo, Con leggerezza,* sind klar und verständlich.

Nach welchen Kriterien hast du deine Gedichte geordnet?

Nach übergreifenden musikalischen Begriffen, wobei ich statt musikalischer Fachausdrücke ein Zitat aus einem Gedicht des betreffenden Teils anführe: AKKORDE: *Akkorde stets ersehnt;* GATTUNGEN: *Und das Lied verliert sich, versinkt und erstirbt;* TEMPI: *Ausgewogne Ruhe;* DYNAMIK: *Im Innern leise zu hören, ganz leise;* ARTIKULATION: *Verschmelze Sang und Klang;* INTERPRETATION: *Darfst Glut erhellen;* AUSFÜHRUNG: *Du willst entzünden und brennst nicht selbst?*

Die Sammlung wird von den beiden Gedichten *Da capo* (noch einmal vom Anfang an) und *Al fine* (bis zum Schluss) eingerahmt.

Selbstverständlich haben wir auch oft zusammen über das Übersetzen nachgedacht und über Fragen der literarischen Übersetzung deiner Gedichte diskutiert. Als romanischer Autor verfügst du über die romanische wie die deutsche Sprachkompetenz. Es gibt romanische Autorinnen und Autoren, die heute in romanischer und in deutscher Sprache schreiben. Wie ist das bei dir?

Literarische Texte (Poesie und Prosa) schreibe ich nur auf Romanisch. Die Muttersprache oder Erstsprache ist die Sprache, in welcher man gewöhnlich über die meisten Register verfügt. Das Romanische ist für mich auch die Sprache des Herzens, der Emotion – für mich die geeignetste Sprache, um Gedanken und Gefühle in Gedichten auszudrücken.

Jede Übersetzung ist eine Interpretation. Gerade in der Poesie ist ein Geheimnis verborgen, das nicht leicht in eine andere Sprache zu übertragen ist. Das Deutsche ist bekanntlich eine Sprache mit ganz anderen Voraussetzungen und anderen sprachlichen Ausdrucksmitteln als das Romanische. Wie erlebst du – nicht nur als Dichter, sondern auch als Linguist – deine Gedichte in einer anderen Sprache? Verbirgt sich da eine Bedrohung für etwas Wesentliches, das verloren gehen könnte, oder ist es eine Herausforderung von etwas Neuem?

Jede Übersetzung ist eine Interpretation und ein Wagnis, eine Herausforderung und eine Chance. Ich möchte meine Gedichte nicht selbst übersetzen, weil ich für meine Gedichte nicht die Distanz hätte, die notwendig ist, um zu übersetzen, um die Struktur einer Sprache in diejenige einer anderen zu übertragen. Ich würde mich zu stark an den Originaltext halten. Es tut manchmal weh, auf gewisse Elemente, die in der Ausgangssprache geeignet, aber in der Zielsprache unpassend sind, verzichten zu müssen.

Es ist nicht möglich jede Klang- und Gedankennuance des Originals zu übertragen. Die Wörter und die Ausdrücke haben ihre Konnotationen, welche die Grundbedeutung beeinflussen und färben. Eine gute Übersetzung ist aber keine Gefahr für das Original, sondern vermag es zu bereichern. Gerade die deutsche Sprache mit ihren eigenen Strukturen, die von denjenigen der romanischen Sprachen sehr verschieden sind, ermöglicht kompakte, geschlossene, nominale Übertragungen, die manchmal plastischer sind als die Originaltexte.

Der Autor sollte akzeptieren können, dass die Übersetzung sein Original in einem anderen, neuen Kleid darstellt. Ich möchte aber nicht eine vom Original unabhängige Übersetzung meiner Texte haben; auch im anderen Sprachkleid will ich meinem Gedicht begegnen können. Es ist möglich, Lyrik zu übersetzen, wenn die neuen poetischen Formen für die Zielsprache charakteristisch sind und wenn sie eine poetische Aussagekraft haben, die derjenigen des Originals entspricht.

Eine zweisprachige Ausgabe mit dem Nebeneinander von Original und Übersetzung ist ein Idealfall. Sie zeigt die typischen Register der Ausgangssprache und der Zielsprache. Wenn Original und Übersetzung ebenbürtig sind, steigert dies die Ausdruckskraft und den Reichtum des Gedichts.

Deine grosse musikalische Liebe ist die Fünfte Symphonie von Ludwig van Beethoven. In deinem Gedicht Hymne *huldigst du dieser Musik. Hat diese Liebe eine Geschichte?*

Ja, sogar mehrere Geschichten. Geschichten in Zusammenhang mit Menschen, mit Freuden und Sorgen. Dieses Werk war für mich auch ein wichtiger Zugang zur klassischen Musik. Als ich in meiner Jugend zum ersten Mal die Fünfte Symphonie von Beethoven hörte, war dies für mich eine Entdeckung, wie eine Offenbarung. Es interessiert mich auch, wie die Dirigenten diese aussergewöhnliche Komposition interpretieren. Darum sammle ich Interpretationen dieses Werkes auf Schallplatten und CDs.

Die «Schicksalssymphonie» fasziniert mich. Einerseits handelt es sich um ein äusserst kompaktes Werk, um ein Meisterwerk der Kompositionskunst; andererseits sind es die Gefühle, welche dieses Werk mit seiner Ausdruckskraft weckt und begleitet.

Ich höre diese Musik, wenn ich traurig bin und wenn ich mich freue.

INDEX

LYRIK AUS DER FÜNFSPRACHIGEN SCHWEIZ

LUISA FAMOS
ICH BIN DIE SCHWALBE VON EINST /
EU SUN LA RANDOLINA D'ÜNSACURA
Rätoromanisch und Deutsch
«Belebt wird diese Welt von luftigen Wesen, von Vögeln, allen voran
von der Schwalbe, dem erklärten Alter Ego der Dichterin. Sie selbst sieht
sich als Schwalbe, die immer weiter und höher kreist, ihr gehört die
schwarze Schwalbe, die ihre letzten Kreise am weissen Haus zieht. Die
Kreise der Schwalben werden zu den sich schliessenden Kreisen der
persönlichsten Jahreszeit der Schreibenden, zum Herbst ihres Lebens.»
Neue Zürcher Zeitung

LEONARDO ZANIER
DEN WASSERSPIEGEL SCHNEIDEN / SOT IL PÊL DA L'ÂGA
Friaulisch, Italienisch und Deutsch
«Das Buch ist ein später Besucher, ein nächtlicher, melancholischer und
wahrheitsliebender Geschichtenerzähler, eine Aufforderung zu einer
schlaflosen Nacht, die nicht ermüdet.»
Mittelland Zeitung

VAXHID XHELILI
SEHNSUCHT NACH ETLEVA / MALLI PËR ETLEVËN
Albanisch und Deutsch
«Auch wenn vielleicht die Sehnsucht inzwischen von anderem überdeckt
wird, da Xhelili schon längst in der Schweiz angesiedelt ist, bleibt sie doch
als ungestilltes, unbestimmt offenes Gefühl latent vorhanden. Diese Un-
ruhe hilft dem Autor, eine beobachtende Distanz einzunehmen, einen
wachen Skeptizismus zu wahren auch in den Gedichten jüngeren
Datums, die sich mehr eidgenössisch-alpinen Verhältnissen zuwenden.»
Frankfurter Rundschau

FABIO PUSTERLA
SOLANGE ZEIT BLEIBT / DUM VACAT
Italienisch und Deutsch
«Dass Pusterlas Gedichte bei aller Hoffnungslosigkeit und Düsternis oft
einen dramatischen Glanz haben, liegt an der Unerschrockenheit, mit
der er seine Dialoge mit Menschen und Landschaften bis an die Grenze
führt, wo die Konturen verschwinden und das Nichts sie verschluckt.»
Neue Zürcher Zeitung

www.limmatverlag.ch